colegio - lekol   2
viaje - vwayaz   5
transporte - transpor   8
ciudad - lavil   10
paisaje - peizaz   14
restaurante - restoran   17
supermercado - sipermarse   20
bebidas - labwason   22
comida - manze   23
granja - laferm   27
casa - lakaz   31
living - salon   33
cocina - lakwizinn   35
baño - saldebin   38
cuarto de los chicos - lasam zanfan   42
ropa - linz   44
oficina - biro   49
economía - lekonomi   51
ocupaciones - travay   53
herramientas - zouti   56
instrumentos musicales - instriman lamizik   57
zoológico - zoo   59
deportes - spor   62
actividades - aktivite   63
familia - fami   67
cuerpo - lekor   68
hospital - lopital   72
emergencia - irzans   76
Tierra - later   77
reloj - orloz   79
semana - lasemenn   80
año - lane   81
formas - form   83
colores - bann kouler   84
opuestos - opozision   85
números - nimero   88
idiomas - bann langaz   90
quién / qué / cómo - kisana / kiete / kouma   91
dónde - kotsa   92

AF175186

Impressum
Verlag: BABADADA GmbH, Nedderfeld 112 , 22529 Hamburg
Geschäftsführer / Verlagsleitung: Harald Hof
Druck: Books on Demand GmbH, In de Tarpen 42, 22848 Norderstedt

Imprint
Publisher: BABADADA GmbH, Nedderfeld 112 , 22529 Hamburg, Germany
Managing Director / Publishing direction: Harald Hof
Print: Books on Demand GmbH, In de Tarpen 42, 22848 Norderstedt

colegio

lekol

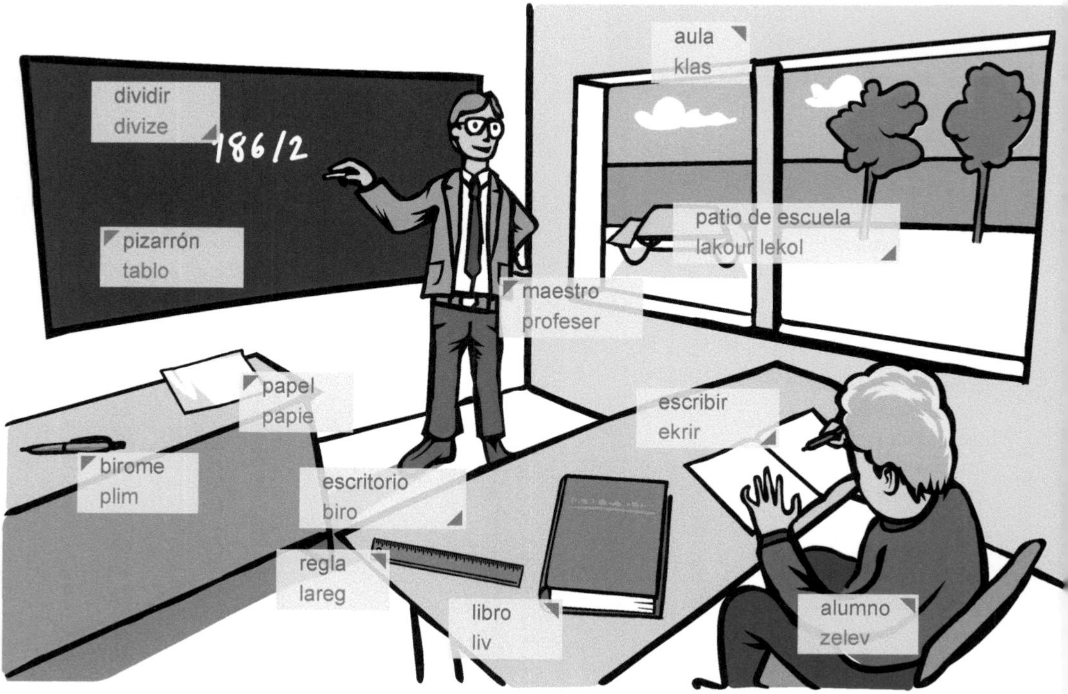

aula
klas
dividir
divize
186/2
pizarrón
tablo
patio de escuela
lakour lekol
maestro
profeser
papel
papie
escribir
ekrir
birome
plim
escritorio
biro
regla
lareg
libro
liv
alumno
zelev

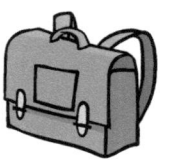

mochila

sak lekol

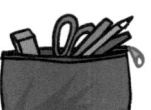

caja de lápices

plimie

lápiz

kreyon

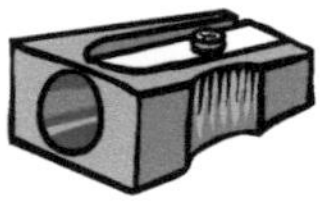

sacapuntas

egizwar

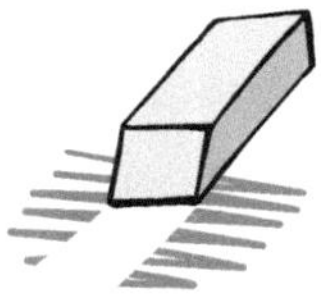

goma (de borrar)

gom

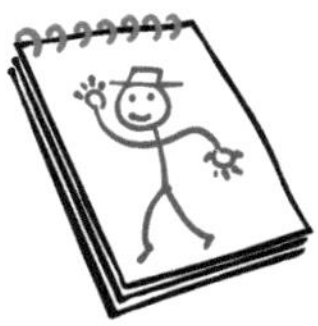

bloc de dibujo

kaye desin

dibujo
desin

pincel
pinso

caja de pinturas
bwat lapintir

tijera
sizo

pegamento
lakol

cuaderno de ejercicios
kaye devwar

tarea
devwar

número
nimero

2+2

sumar
azoute

5-2

restar
retire

2×2

multiplicar
miltipliye

calcular
kalkile

A

letra
let

ABCDEFG
HIJKLMN
OPQRSTU
VWXYZ

abecedario
alfabet

palabra
mo

texto

text

leer

lir

tiza

lakre

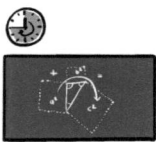

lección

leson

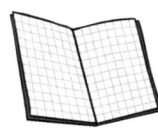

cuaderno de clase

rezis

examen

lexame

certificado

sertifika

uniforme escolar

iniform lekol

educación

ledikasion

enciclopedia

lansiklopedi

universidad

liniversite

microscopio

mikroskop

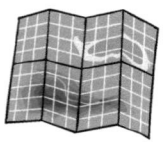

mapa

map

tacho (de basura)

poubel

viaje

vwayaz

hotel
lotel
Grand
hostel
loberz
ROOMS
casa de cambio
biro sanz
valija
valiz
auto
loto

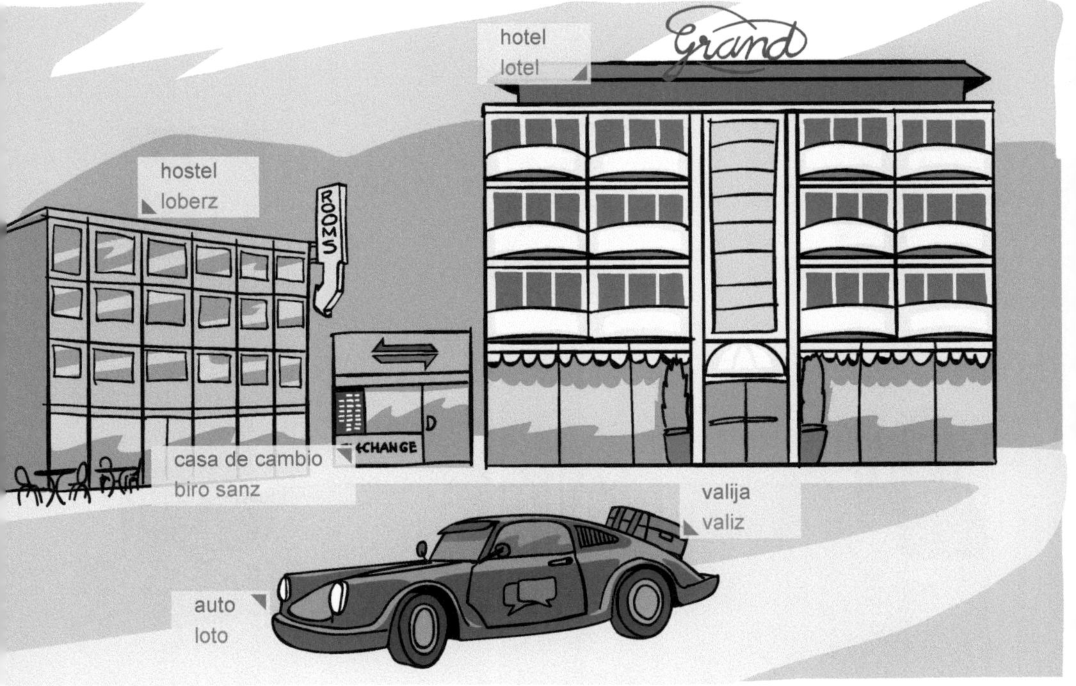

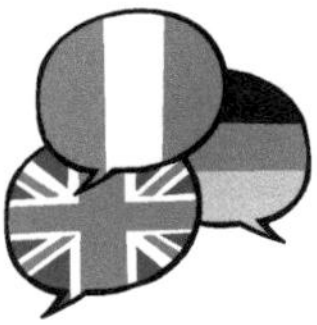

idioma

langaz

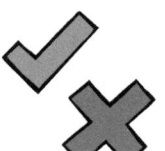

sí / no

wi / non

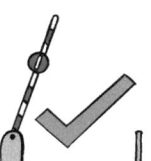

Está bien

okay

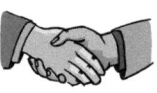

hola

Alo

traductor

tradikter

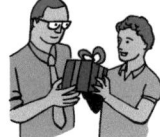

Gracias

Mersi

¿cuánto cuesta…?

komie sa..?

No entiendo

Mo pa pe konpran

problema

problem

¡Buenas tardes!

Bonswar!

¡Buenos días!

Bonzour!

¡Buenas noches!

Bonn nwi!

adiós

o-revwar

dirección

direksion

equipaje

bagaz

bolso

sak

mochila

sak-a-do

invitado

ot

habitación

pies

bolsa de dormir

sak kousaz

carpa

latant

información turística

lofis tourism

playa

laplaz

tarjeta de crédito

kart kredi

desayuno

ti-dezene

almuerzo

dezene

cena

dine

pasaje

biye

ascensor

lasanser

sello

tem

frontera

frontier

aduana

ladwann

embajada

lanbasad

visa

viza

pasaporte

paspor

transporte

transpor

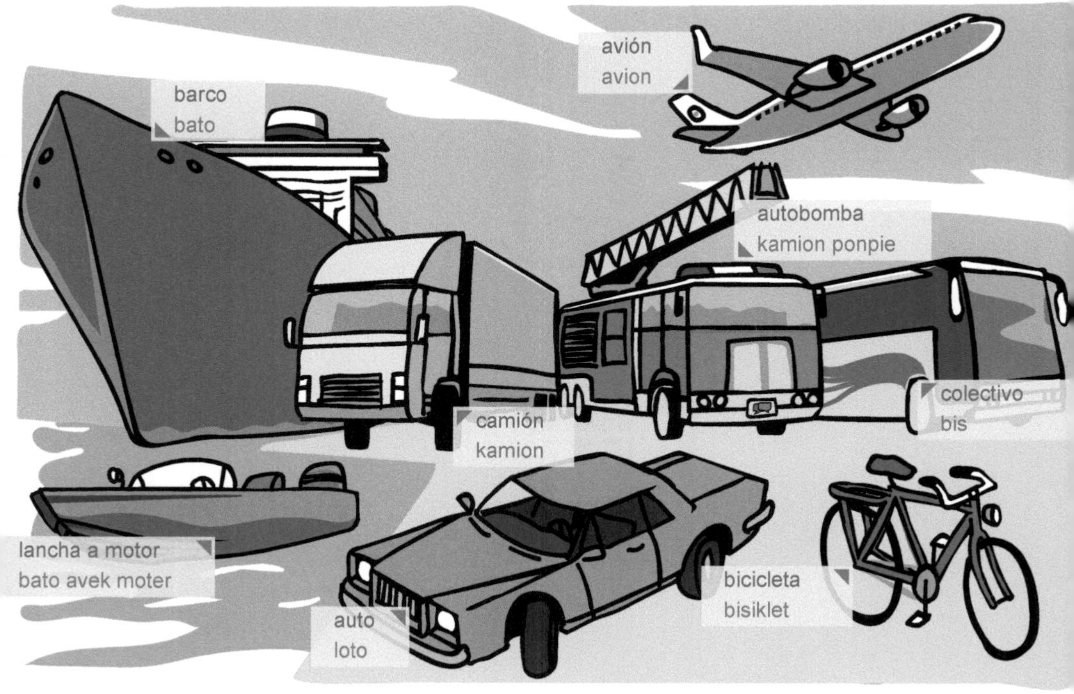
avión
avion
barco
bato
autobomba
kamion ponpie
colectivo
bis
camión
kamion
lancha a motor
bato avek moter
bicicleta
bisiklet
auto
loto

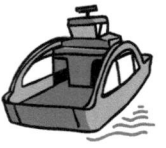

ferry

feri

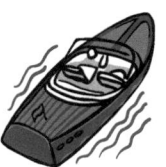

bote

bato

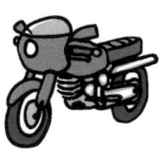

moto

motosiklet

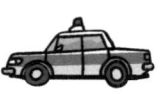

patrullero

loto lapolis

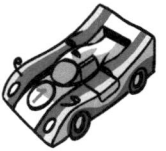

auto de carreras

loto lekours

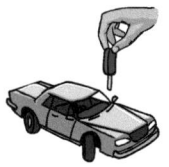

auto de alquiler

loto lokasion

alquiler de autos

ko-vwatiraz

grúa

kamion towing

camión de basura

kamion salte

motor

moter

nafta

lesans

estación de servicio

filing

señal de tránsito

pano indikasion

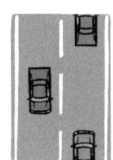

tránsito

trafik

embotellamiento

anbouteyaz

estacionamiento

parking

estación de tren

stasion trin

vías

ray

tren

trin

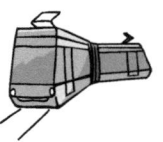

tranvía

tram

vagón

vagon

helicóptero
elikopter

aeropuerto
aeropor

torre
towing

pasajero
pasaze

contenedor
kontener

caja de cartón
karton

carretilla
sario

canasta
panie

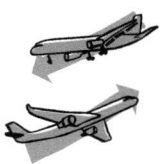

despegar / aterrizar
dekole / aterir

ciudad

lavil

pueblo
vilaz

centro de ciudad
sant-vil

casa
lakaz

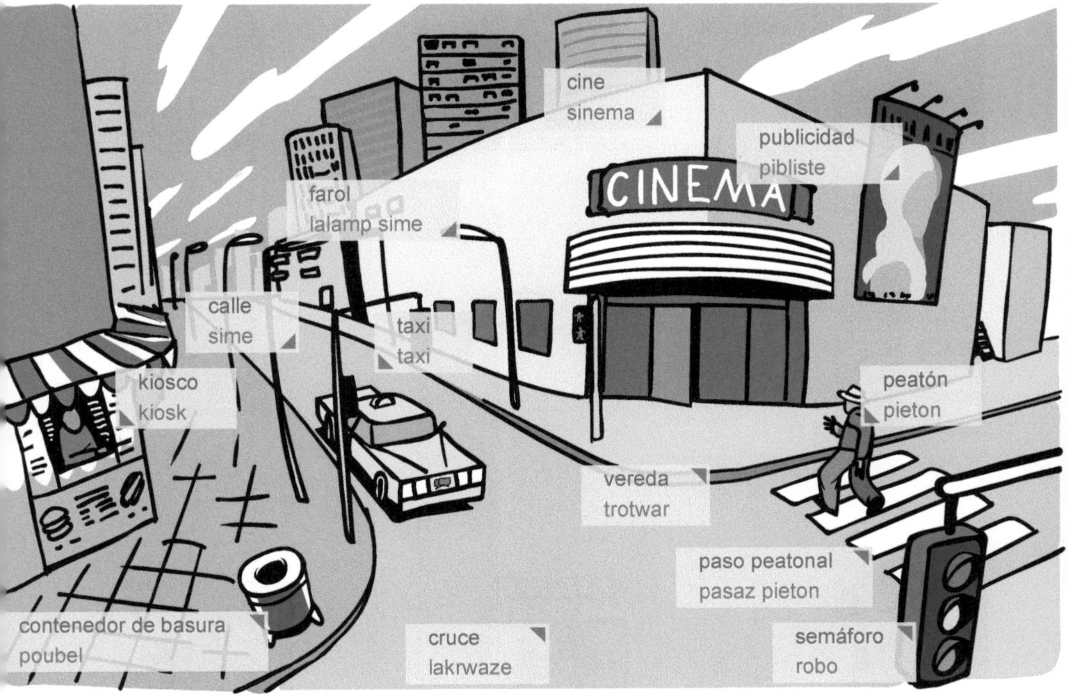

cine
sinema

publicidad
pibliste

farol
lalamp sime

CINEMA

calle
sime

taxi
taxi

kiosco
kiosk

peatón
pieton

vereda
trotwar

paso peatonal
pasaz pieton

contenedor de basura
poubel

cruce
lakrwaze

semáforo
robo

cabaña

kabann

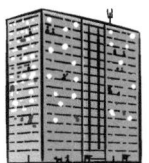

departamento

flat

estación de tren

stasion trin

municipalidad

minisipalite

museo

mize

colegio

lekol

universidad

liniversite

banco

labank

hospital

lopital

hotel

lotel

farmacia

farmasi

oficina

biro

librería

libreri

negocio

magazin

florería

fleris

supermercado

sipermarse

mercado

bazar

grandes tiendas

gran magazin

pescadería

pwasonnri

centro comercial

sant komersial

puerto

lepor

parque
park

banco
labank

puente
pon

escaleras
leskalie

subte
metro

túnel
tinel

parada del colectivo
bistop

bar
bar

restaurante
restoran

buzón
bwat-a-let

letrero
pano

parquímetro
parkmet

zoológico
zoo

pileta
pisinn

mezquita
moske

granja

laferm

contaminación

polision

cementerio

simitier

iglesia

legliz

juegos infantiles

lespas pou zwe

templo

tanp

paisaje

peizaz

hoja
fey

poste indicador
pano indikasion

camino
sime

pradera
preri

piedra
ros

excursionista
randonner

árbol
pie

río
larivier

hierba
lerb

flor
fler

valle

lavale

montaña

kolinn

lago

lak

bosque

bwa

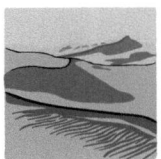

desierto

dezer

volcán

volkan

castillo

sato

arco iris

larkansiel

champiñón

sanpinion

palmera

palmie

mosquito

moutik

mosca

mous

hormiga

fourmi

abeja

abey

araña

zarenie

escarabajo

koksinel

rana

grenouy

ardilla

ekirey

erizo

erison

liebre

lapin

lechuza

ibou

pájaro

zwazo

cisne

sign

jabalí

sangliye

ciervo

serf

alce

elan

presa

dam

aerogenerador

eolienn

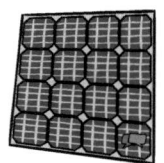

panel solar

pano soler

clima

klima

restaurante

restoran

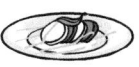

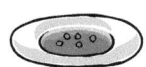

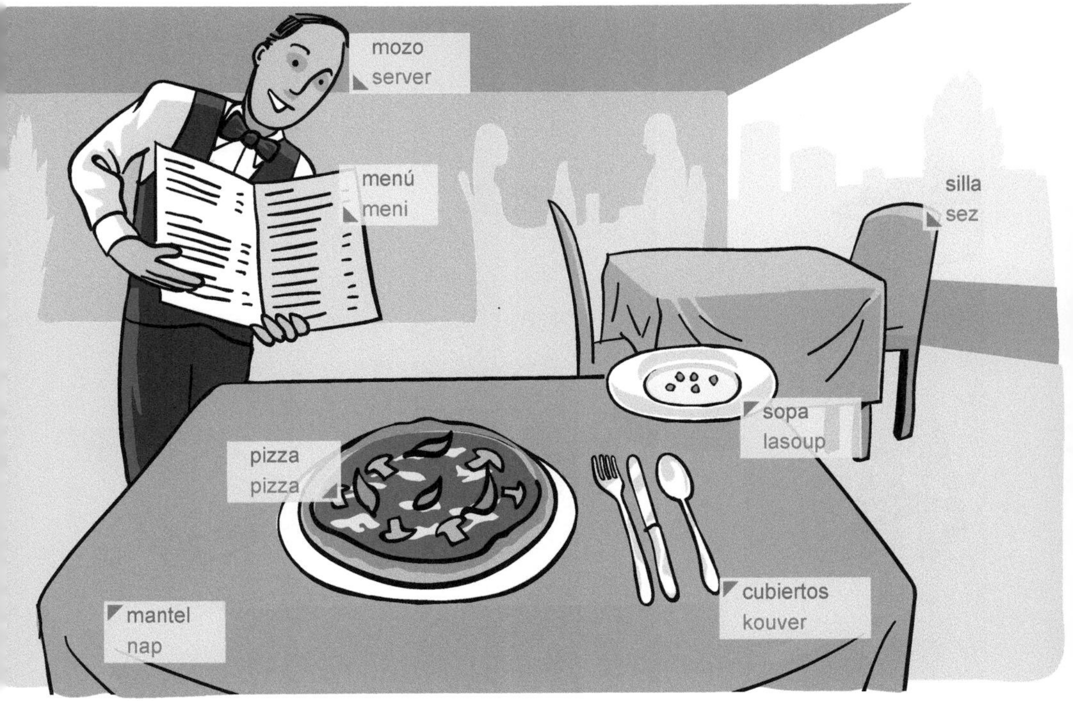
mozo
server
menú
meni
silla
sez
sopa
lasoup
pizza
pizza
cubiertos
kouver
mantel
nap

entrada

lantre

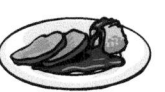

plato principal

pla prinsipal

postre

deser

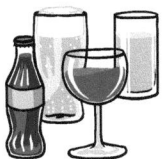

bebidas

labwason

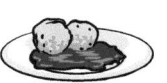

comida

manze

botella

boutey

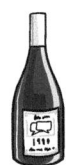

comida rápida

fast food

comida callejera

take-away

tetera

teyer

azucarera

po disik

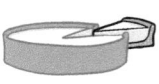

porción

porsion

cafetera expreso

masinn expresso

sillita alta

sez-ot

cuenta

bill

bandeja

plato

cuchillo

kouto

tenedor

fourset

cuchara

kwiyer

cucharita

ti-kwiyer

servilleta

serviet

vaso

ver

plato

lasiet

plato hondo

lasiet

plato

soukoup

salsa

lasos

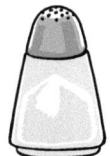

salero

po disel

molinillo de pimienta

moulin dipwav

vinagre

vineg

aceite

delwil

especias

zepis

kétchup

ketchup

mostaza

lamoutard

mayonesa

mayonez

supermercado
sipermarse

oferta especial
promosion
FOR
cliente
klian
lácteos
prodwi a baz dile
fruta
frwi
changuito
trole

BUTCHERS

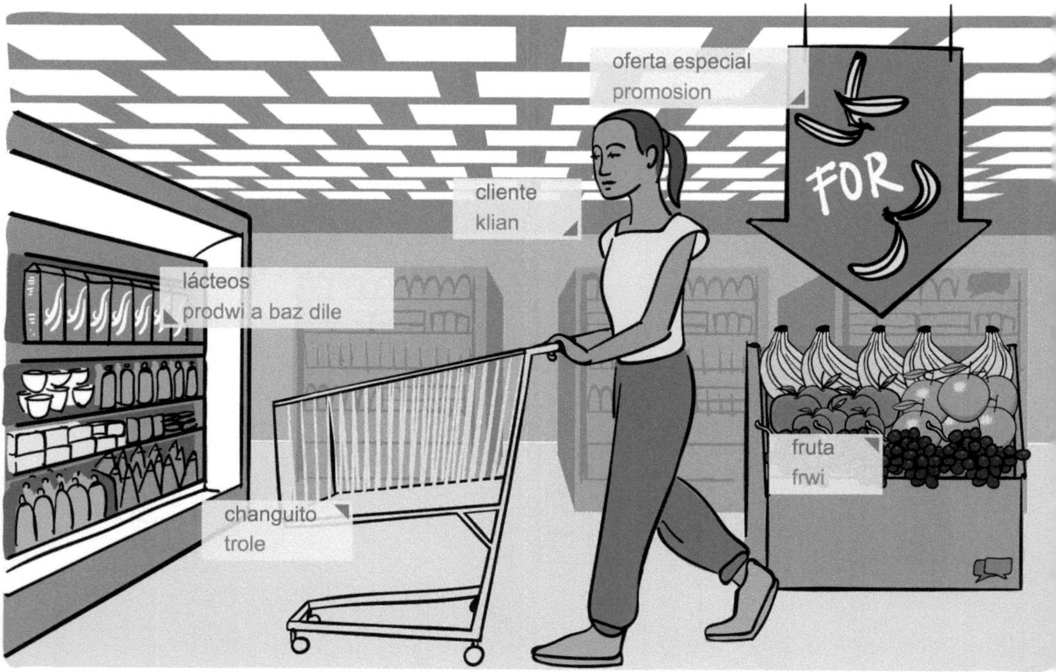

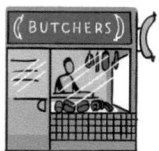

carnicería

bousri

BAKERY

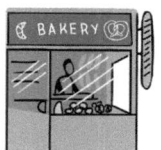

panadería

boulanzri

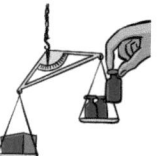

pesar

peze

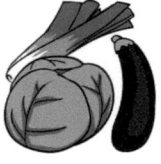

verduras

legim

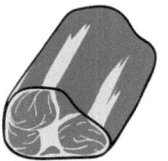

carne

laviann

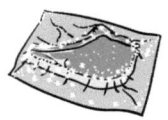

alimentos congelados

aliman konzele

fiambres

sarkitri

alimentos enlatados

bwat konserv

detergente en polvo

lapoud masinn

golosinas

bonbon

electrodomésticos

komision

productos de limpieza

deterzan

vendedora

vandez

caja

lakes

cajero

kesie

lista de compras

lalis komision

horario de atención

ouvertir

billetera

portfey

tarjeta de crédito

kart kredi

cartera

sak

bolsa de plástico

sak plastik

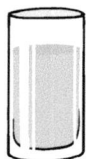

agua

delo

jugo

zi

leche

dile

bebida cola

coca

vino

divin

cerveza

labier

alcohol

lalkol

cacao

sokola so

té

dite

café

kafe

café expreso

expresso

cappuccino

cappuccino

banana

banann

manzana

pom

naranja

zoranz

melón

melon

limón

sitron

zanahoria

karot

ajo

lay

bambú

banbou

cebolla

zwayon

champiñón

sanpiyon

nueces

nwazet

fideos

minn

tallarines

spageti

arroz

diri

ensalada

salad

papas fritas

chips

papas fritas

pomdeter frir

pizza

pizza

hamburguesa

burger

sándwich

sandwich

churrasco

eskalop

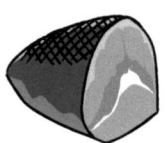

jamón

zanbon

salame

salami

salchicha

sosis

pollo

poul

asado

roti

pescado

pwason

copos de avena

oatmeal

muesli

muesli

copos de maíz

kornbif

harina

lafarinn

medialuna

krwasan

pancito

ti-dipin

pan

dipin

tostada

dipin griye

galletitas

biskwi

manteca

diber

cuajada

fromaz blan

torta

gato

huevo

dizef

huevo frito

dizef frir

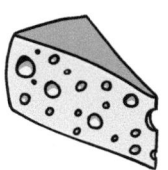

queso

fromaz

helado

sorbe

azúcar

disik

miel

dimiel

mermelada

konfitir

pasta de chocolate

nouga

curry

kari

comida - manze

granja
laferm

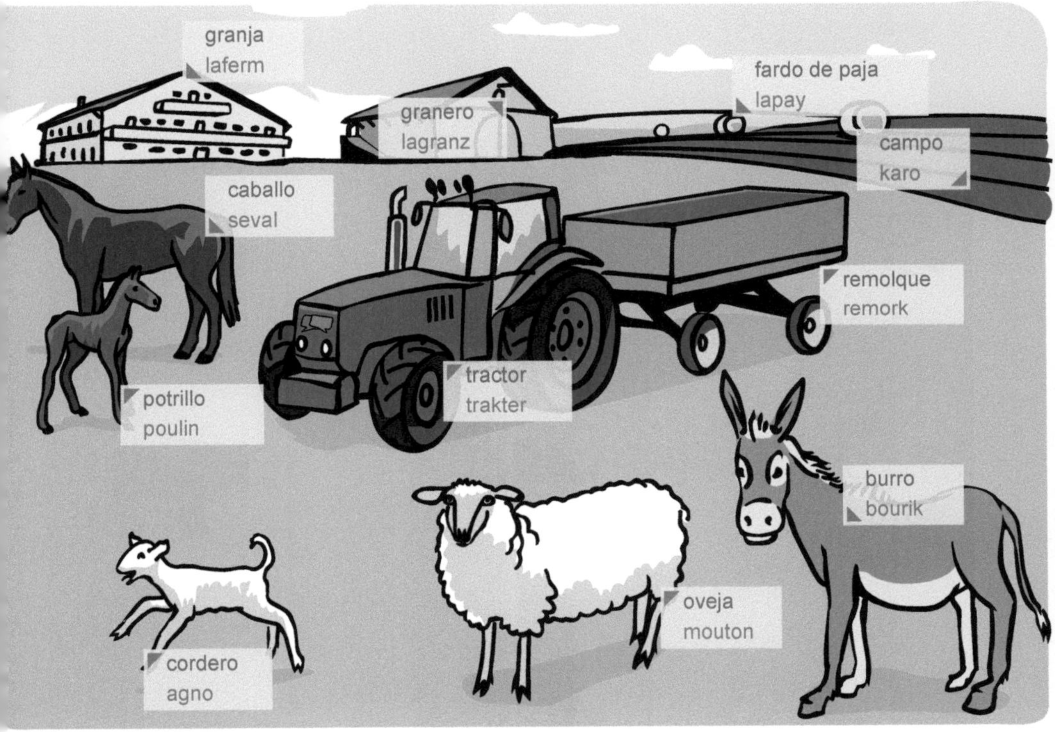
granja
laferm
granero
lagranz
fardo de paja
lapay
campo
karo
caballo
seval
remolque
remork
potrillo
poulin
tractor
trakter
burro
bourik
oveja
mouton
cordero
agno

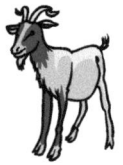

cabra

kabri

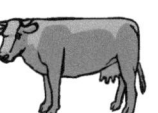

vaca

vas

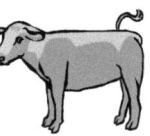

ternero

vo

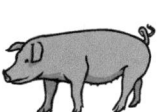

cerdo

koson

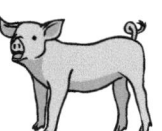

lechón

ti-koson

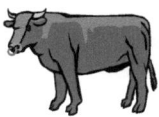

toro

toro

ganso

lezwa

pato

kanar

pollo

pousin

gallina

poul

gallo

kok

rata

lera

gato

sat

ratón

souri

buey

bef

perro

lisien

cucha

lakaz lisien

manguera

tiyo

regadera

arozwar

guadaña

laserp

arado

saret

hoz

fosi

azada

pios

horquilla

fours

hacha

lars

carretilla

bouret

abrevadero

kiv

lechera

bwat dile

bolsa

sak

reja

fencing

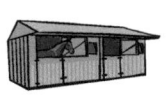

establo

letab

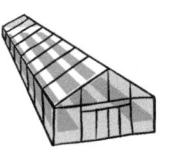

invernadero

laser

suelo

later

semilla

lagrin

fertilizador

langre

cosechadora

masinn pou fer rekolt

cosechar

rekolte

cosecha

rekolt

batatas

ignam

trigo

dible

soja

soya

papa

pomdeter

maíz

may

semilla de colza

colza

árbol frutal

zarb frwitie

mandioca

maniok

cereales

sereal

casa
lakaz

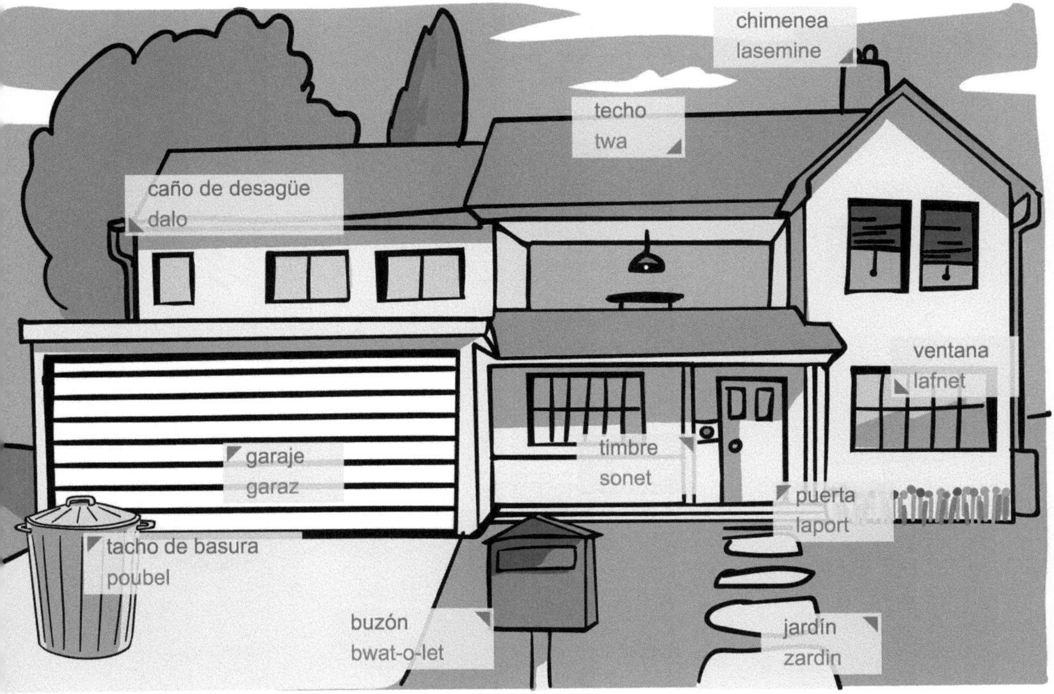
chimenea
lasemine
techo
twa
caño de desagüe
dalo
ventana
lafnet
garaje
garaz
timbre
sonet
puerta
laport
tacho de basura
poubel
buzón
bwat-o-let
jardín
zardin

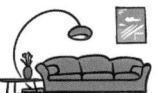

living
salon

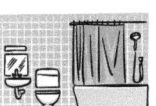

baño
saldebin

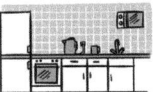

cocina
lakwizinn

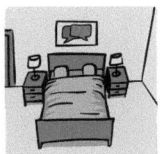

dormitorio
lasam

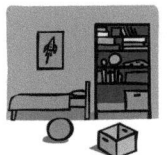

cuarto de los chicos
lasam zanfan

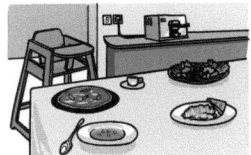

comedor
salamanze

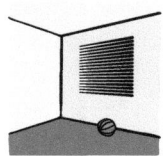

piso

sali

pared

miray

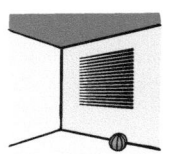

cielorraso

plafon

sótano

lakav

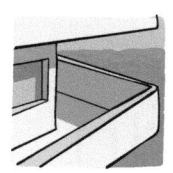

sauna

sona

balcón

balkon

terraza

teras

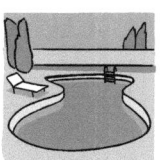

pileta

pisinn

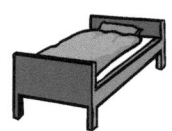

cortadora de pasto

masinn koup gazon

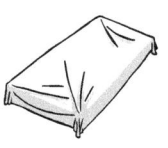

sábana

dra

acolchado

kwet

cama

lili

escoba

balie

balde

seo

interruptor

take lalimier

living
salon

empapelado
papie-pin
imagen
foto
lámpara
lalamp
estante
letazer
armario
larmwar
televisión
televizion
chimenea
lasemine
flor
fler
almohadón
kousin
sofá
sofa
florero
vaz
control remoto
rimot-kontrol

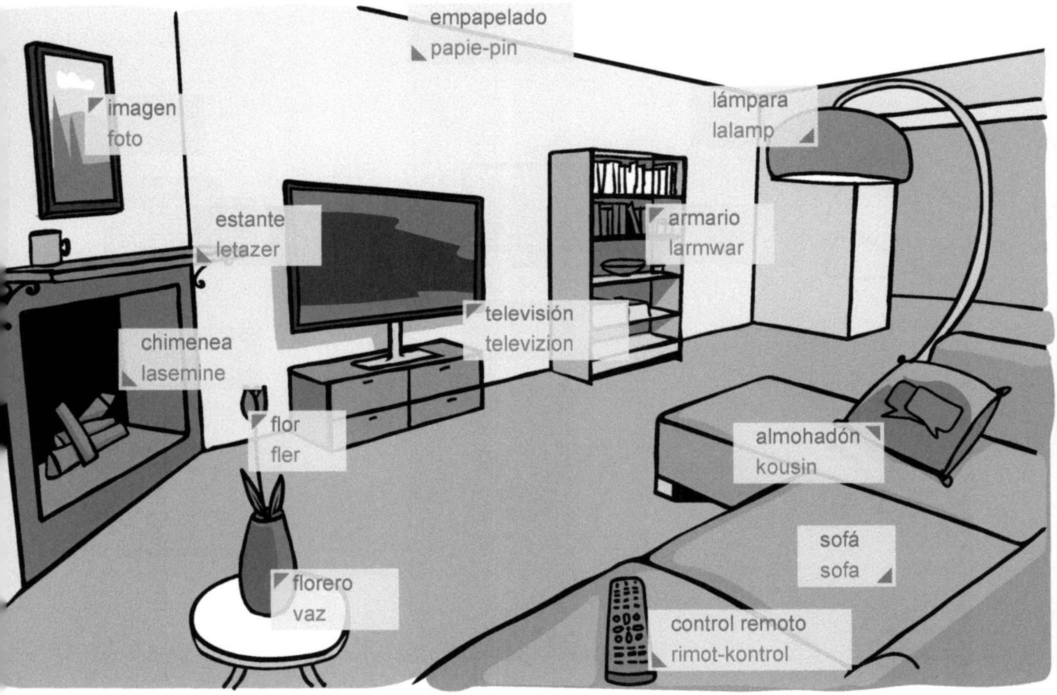

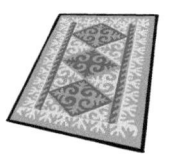

alfombra

tapi

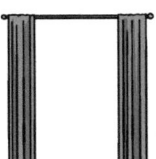

cortina

rido

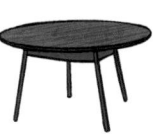

mesa

latab

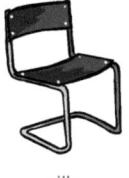

silla

sez

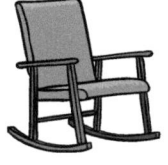

mecedora

rocking chair

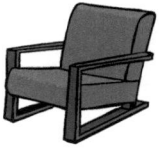

sillón

fotey

libro

liv

frazada

kouvertir

decoración

dekorasion

leña

dibwa foye

película

fim

equipo de música

hi-fi

llave

lakle

diario

zournal

pintura

lapintir

póster

poster

radio

radio

cuaderno

bloknot

aspiradora

laspirater

cactus

kaktis

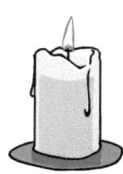

vela

labouzi

cocina
lakwizinn

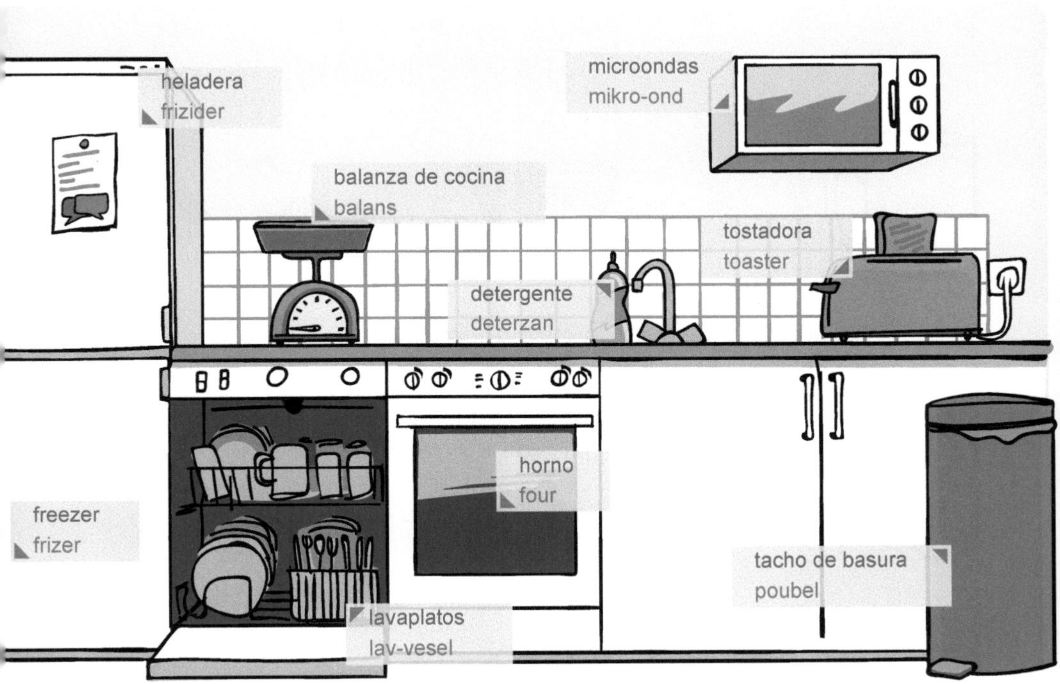

heladera
frizider
microondas
mikro-ond
balanza de cocina
balans
tostadora
toaster
detergente
deterzan
horno
four
freezer
frizer
tacho de basura
poubel
lavaplatos
lav-vesel

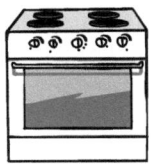

cocina

four

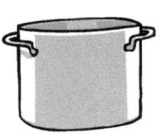

olla

kasrol

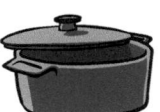

olla de hierro fundido

marmit

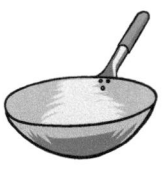

wok

wok

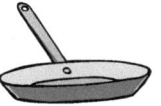

sartén

pwal

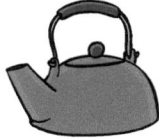

pava

boulwar

vaporera

steamer

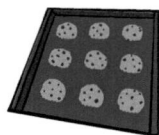

bandeja de horno

plak kwison

vajilla

vesel

taza

goble

bol

bol

palitos

baget sinwa

cucharón

lous

estpátula

spatil

batidora

fwet

colador

paswar

colador

tami

rallador

larap

mortero

mortie

parrilla

griyad

fogata

lasemine

tabla de picar

biyo

palo de amasar

roulo

sacacorchos

tirbouson

lata

bwat konserv

abrelatas

ouvbwat

manopla

legan proteksion

pileta

lavabo

cepillo

bros

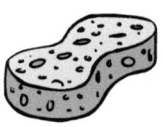

esponja

leponz

batidora

blender

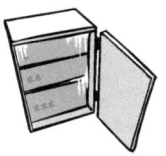

congelador

konzelater

mamadera

bibron

canilla

robine

baño
saldebin

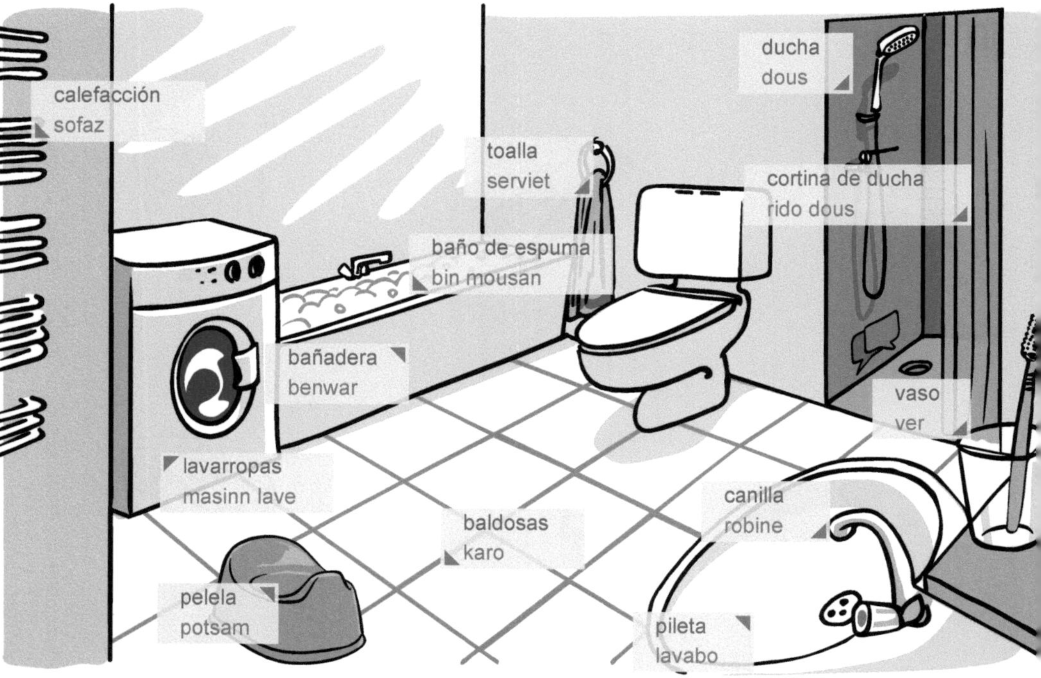
calefacción
sofaz
toalla
serviet
ducha
dous
cortina de ducha
rido dous
baño de espuma
bin mousan
bañadera
benwar
vaso
ver
lavarropas
masinn lave
canilla
robine
baldosas
karo
pelela
potsam
pileta
lavabo

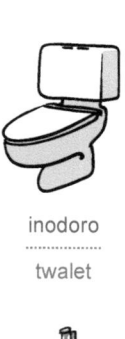

inodoro
twalet

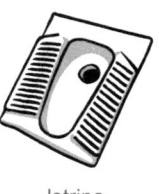

letrina
twalet

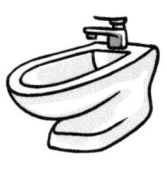

bidé
bide

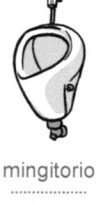

mingitorio
piswar

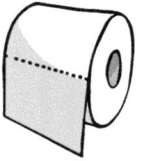

papel higiénico
papie twalet

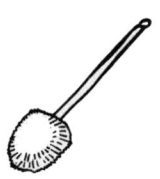

cepillo para el inodoro
bros twalet

cepillo de dientes

bros ledan

dentífrico

dantifris

hilo dental

fil danter

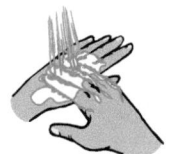

lavar

lave

ducha de mano

ti-bin

ducha higiénica

dous

palangana

basin

cepillo para espalda

bros ledo

jabón

savon

gel de ducha

zel dous

shampoo

sanpwin

toallita

gandebin

desagüe

drin

crema

lakrem

desodorante

deodoran

espejo

mirwar

espejito

mirwar

maquinita de afeitar

razwar

espuma de afeitar

lamous pou raze

aftershave

apre-razaz

peine

pengn

cepillo

bros

secador de pelo

seswar

spray

lak

maquillaje

makiyaz

lápiz de labios

dirouz

esmalte para uñas

verni

algodón

cotton wool

tijera para uñas

tay-zong

perfume

parfin

portacosméticos

trous twalet

banqueta

stoul

balanza

balans

bata

penwar

guantes de goma

legan netwayaz

tampón

tanpon

toallita femenina

serviet izienik

baño químico

twalet simik

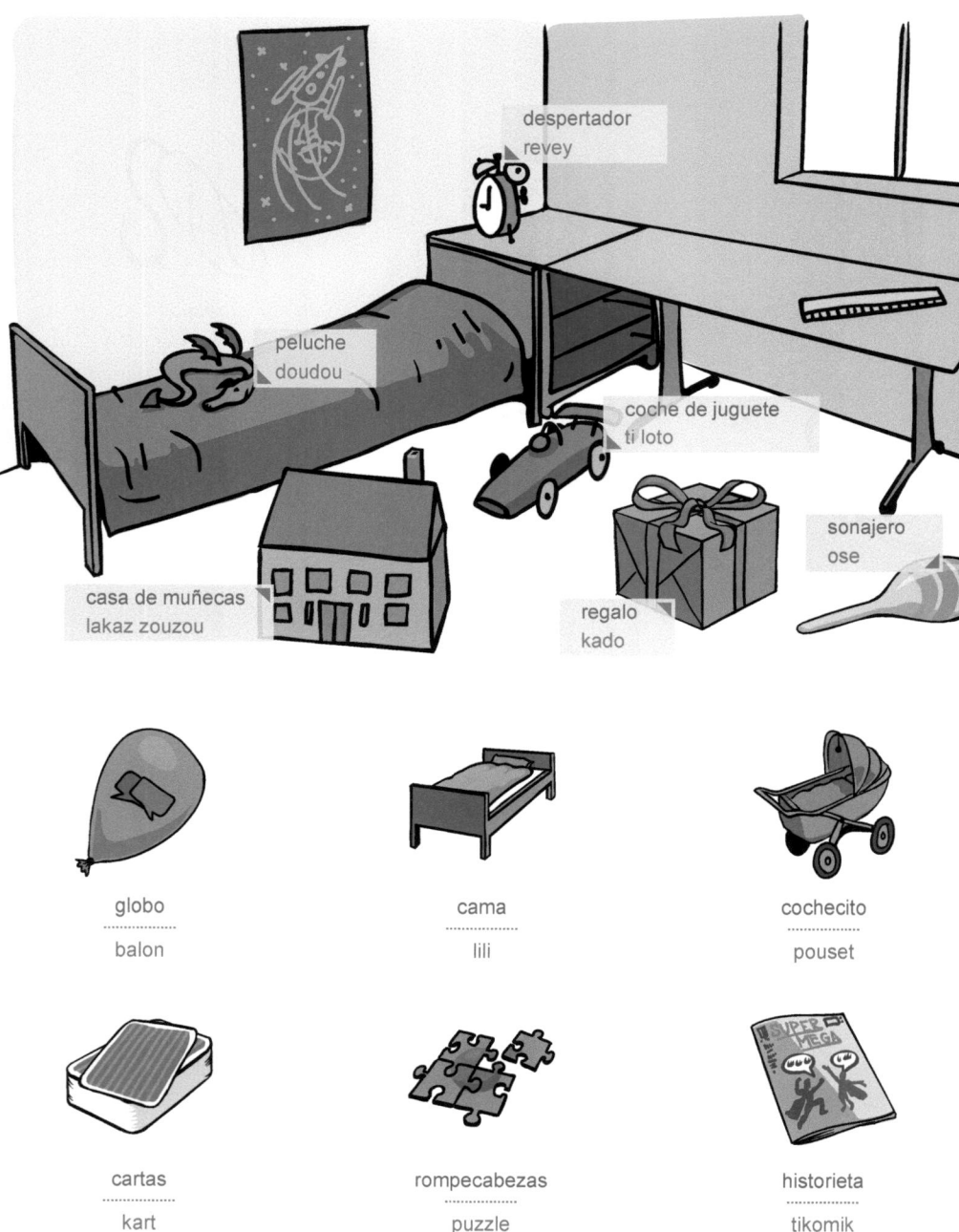

despertador
revey

peluche
doudou

coche de juguete
ti loto

casa de muñecas
lakaz zouzou

regalo
kado

sonajero
ose

globo
balon

cama
lili

cochecito
pouset

cartas
kart

rompecabezas
puzzle

historieta
tikomik

piezas de lego

lego

ladrillos de juguete

lego

figura de acción

figirinn

enterito (de bebé)

grenouyer

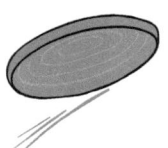

frisbee

frisbee

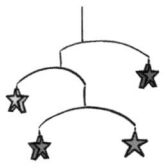

móvil para bebés

mobil

juego de mesa

zwe

dados

lede

tren eléctrico

trin zouzou

chupete

siset

fiesta

fet

libro de cuentos ilustrado

liv ek zimaz

pelota

boul

muñeca

poupet

jugar

zwe

arenero

bak-a-sab

hamaca

balanswar

juguetes

zouzou

consola de videojuegos

game

triciclo

trisik

osito de peluche

nounours

armario

larmwar

ropa

linz

medias

soset

medias panty

leba

calzas

kolan

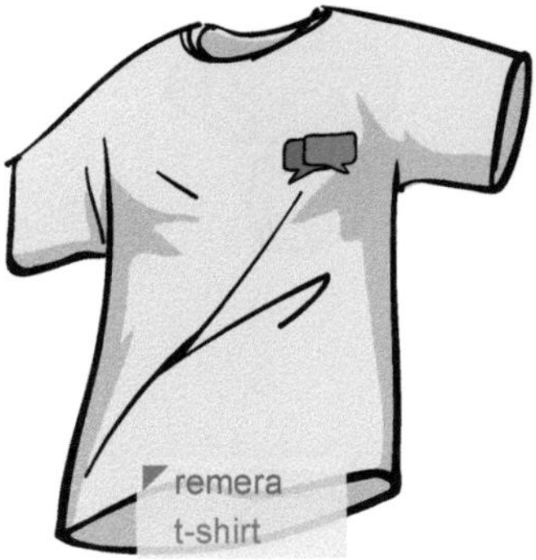

bufanda
esarp

paraguas
parapli

cinturón
sintir

remera
t-shirt

zapatillas
tenis

botas
bot

pantuflas
pantouf

sandalias
sandalet

zapatos
soulie

botas de goma
bot an karotsou

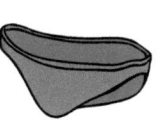

ropa interior
souvetman

corpiño
soutiengorz

chaleco
vest

body

body

pantalones

pantalon

jeans

jeans

pollera

zip

blusa

blouz

camisa

simiz

pulóver

pull-over

buzo

blouzon ek kapison

blazer

vest

campera

jaket

tapado

manto

piloto

pardesi

traje

kostim

vestido

rob

vestido de novia

rob lamarye

traje

kostim

camisón

robdesam

pijama

pizama

sari

sari

pañuelo para cabeza

foular

turbante

tirban

burka

bourka

caftán

kaftan

abaya

abaya

traje de baño

mayo de bin

short de baño

mayo de bin

shorts

sorti de sekour

jogging

linz spor

delantal

tabliye

guantes

legan

botón

bouton

anteojos

linet

pulsera

brasle

collar

kolie

anillo

bag

aro

zanon

gorra

bone

percha

sint

sombrero

sapo

corbata

kravat

cierre

fermetirekler

casco

elmet

tiradores

bretel

uniforme escolar

iniform lekol

uniforme

iniform

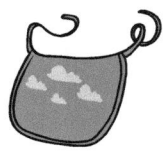

babero

bavwar

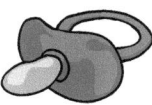

chupete

siset

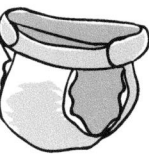

pañal

lanz

oficina

biro

servidor
server
archivero
larmwar arsiv
impresora
printer
papel
papie
monitor
lekran
mouse
mouse
escritorio
biro
carpeta
klaser
teclado
klavie
silla
sez
tacho (de basura)
poubel
computadora
ordinater

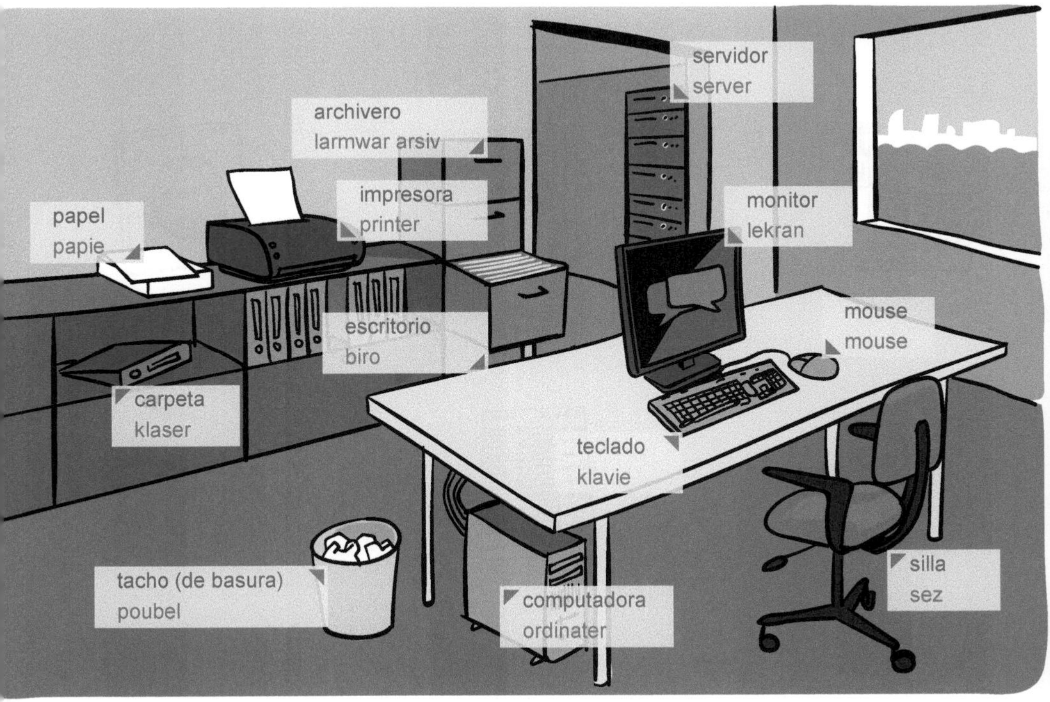

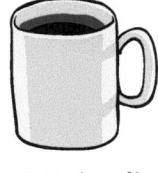

taza de café

mug

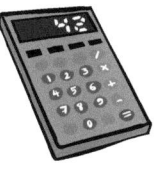

calculadora

kalkilatris

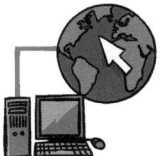

internet

internet

laptop

laptop

carta

let

mensaje

mesaz

celular

portab

red

rezo

fotocopiadora

fotokopi

software

lozisiel

teléfono

telefonn

tomacorriente

priz

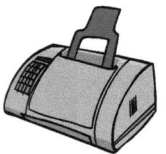

fax

fax

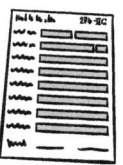

formulario

form

documento

dokiman

comprar
....
aste

pagar
....
peye

hacer negocios
....
fer biznes

dinero
....
larzan

USD

dólar
....
dolar

EUR

euro
....
euro

JPY

yen
....
yen

RUB

rublo
....
rouble

CHF

franco suizo
....
fran swis

CNY

yuan
....
renminbi yuan

INR

rupia
....
roupi

cajero automático
....
distribiter biye

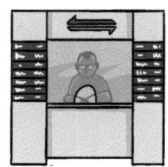

casa de cambio

biro sanz

oro

lor

plata

larzan

petróleo

petrol

energía

lenerzi

precio

pri

contrato

kontra

impuesto

tax

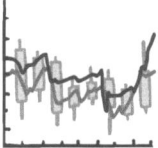

acción

aksion

trabajar

travay

empleado

anplwaye

empleador

anplwayer

fábrica

lizinn

negocio

magazin

ocupaciones
travay

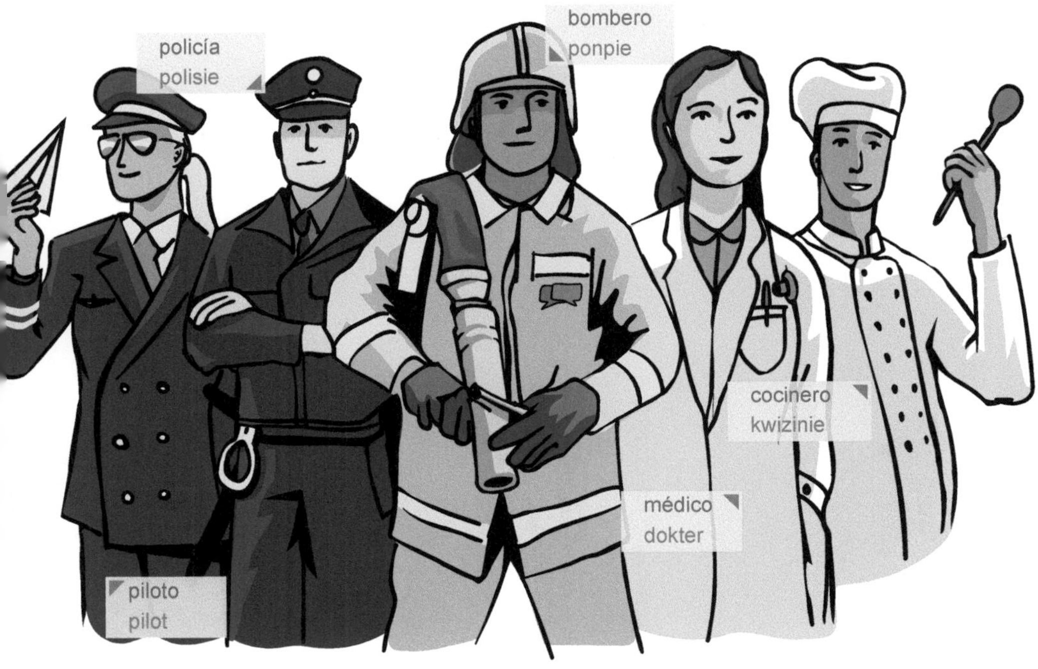
policía
polisie
bombero
ponpie
cocinero
kwizinie
médico
dokter
piloto
pilot

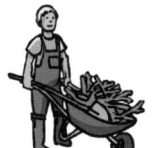

jardinero
zardinie

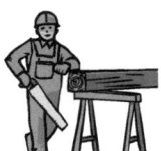

carpintero
sarpantie

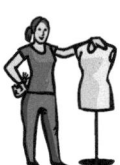

modista
koutirier

juez
ziz

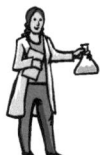

farmacéutico
simis

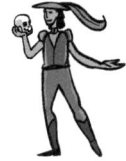

actor
akter

colectivero

sofer bis

taxista

sofer taxi

pescador

peser

mucama

bonn

techista

zouvriye twa lakaz

mozo

server

cazador

saser

pintor

pint

panadero

boulanze

electricista

elektrisien

albañil

zouvriye

ingeniero

inzenier

carnicero

bouse

plomero

plonbie

cartero

fakter

soldado

solda

arquitecto

arsitek

cajero

kesie

florista

fleris

peluquero

kwafez

cobrador

chek

mecánico

mekanisien

capitán

kapitenn

dentista

dantis

científico

siantis

rabino

rabi

imán

imam

monje

mwann

sacerdote

pret

herramientas
zouti

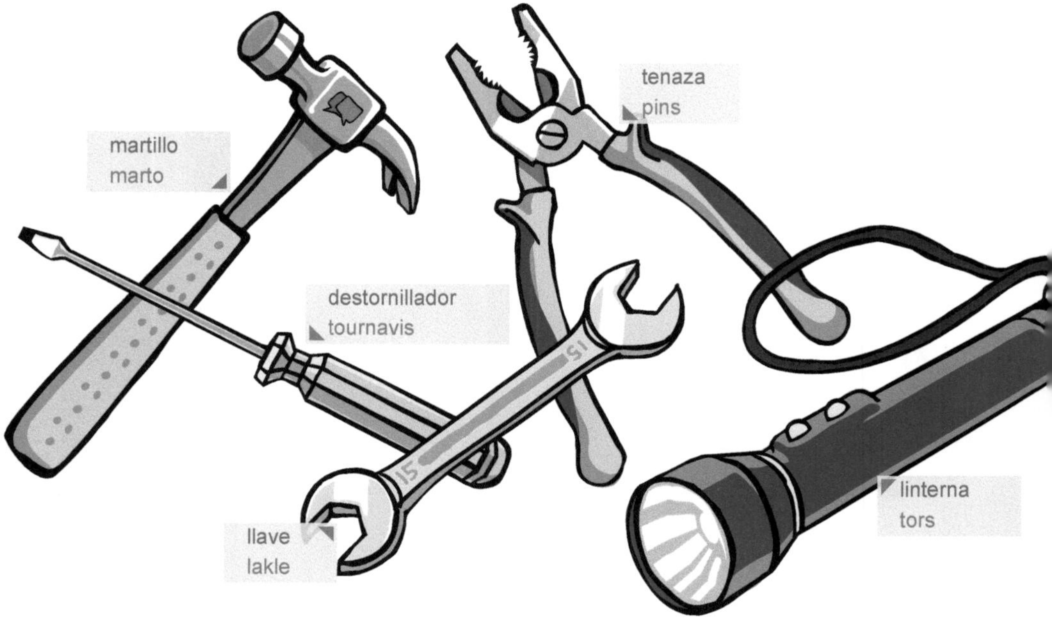
tenaza
pins
martillo
marto
destornillador
tournavis
linterna
tors
llave
lakle

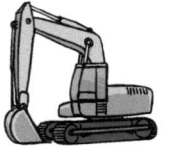

excavadora

peltez

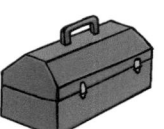

caja de herramientas

bwat zouti

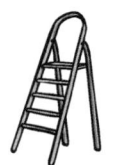

escalera portátil

lesel

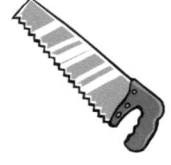

sierra

lasi

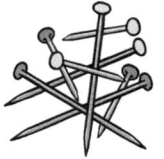

clavos

koulou

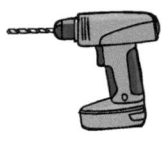

taladro

persez

arreglar
....
aranze

pala de jardín
....
lapel

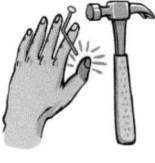

¡Qué bronca!
....
Ayo!

pala de plástico
....
lapel

tacho de pintura
....
po lapintir

tornillos
....
vis

instrumentos musicales
instriman lamizik

batería
batri

parlante
o-parler

guitarra
lagitar

contrabajo
kontrebas

trompeta
tronpet

piano

piano

violín

violon

bajo

bas

timbales

tinbal

tambor

tanbour

teclado

klavie

saxofón

saxofonn

flauta

laflit

micrófono

mikro

zoológico
zoo

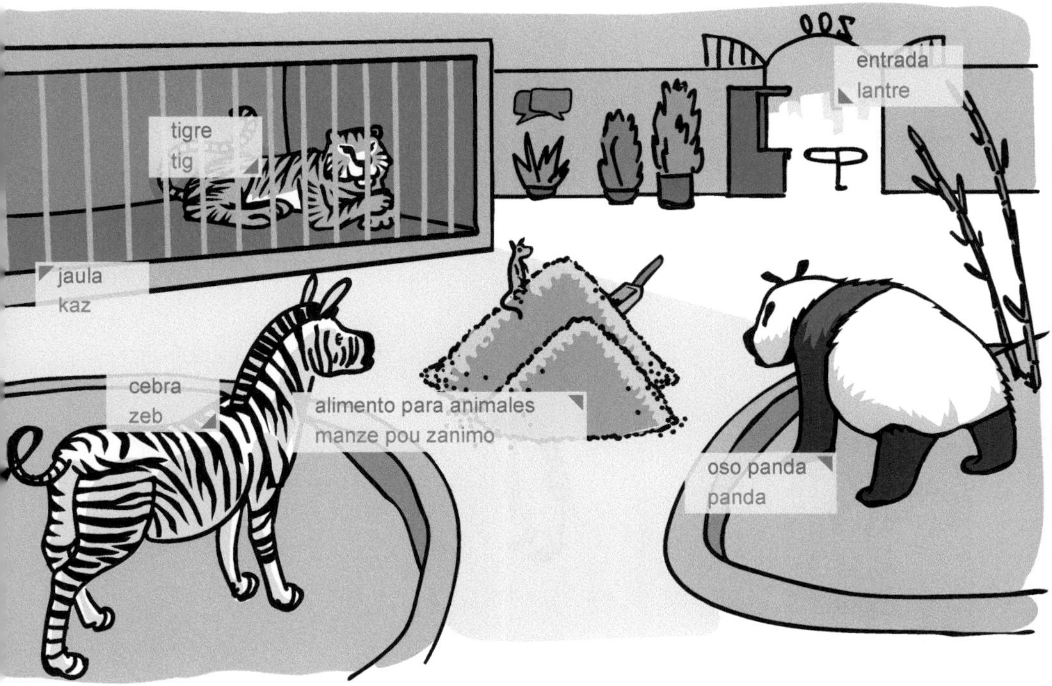
zoo
entrada
lantre
tigre
tig
jaula
kaz
cebra
zeb
alimento para animales
manze pou zanimo
oso panda
panda

animales
zanimo

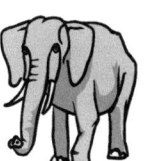

elefante
lelefan

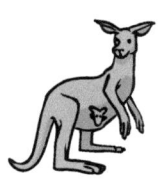

canguro
kangourou

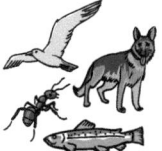

rinoceronte
rinoceros

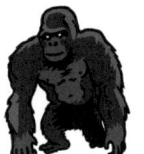

gorila
gori

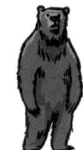

oso
lours

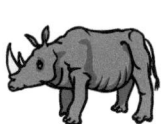

camello

samo

avestruz

lotris

león

lion

mono

zako

flamenco

flaman roz

loro

peroke

oso polar

lours poler

pingüino

pingwi

tiburón

rekin

pavo real

pan

serpiente

serpan

cocodrilo

krokodil

cuidador del zoológico

gardien zoo

foca

fok

jaguar

zagwar

poni

poney

leopardo

leopar

hipopótamo

ipopotam

jirafa

ziraf

águila

leg

jabalí

sangliye

pescado

pwason

tortuga

torti

morsa

mors

zorro

renar

gacela

gazel

fútbol americano
foutborl ameriken

ciclismo
siklism

tenis
tenis

básquet
basketball

natación
natasion

boxeo
labox

hockey sobre hielo
oke lor gazon

fútbol
foutborl

bádminton
badminton

atletismo
atletism

handball
handball

esquí
ski

polo
polo

actividades
aktivite

saltar
sote
abrazar
maye
reír
riye
caminar
marse
cantar
sante
soñar
reve
rezar
priye
besar
anbrase

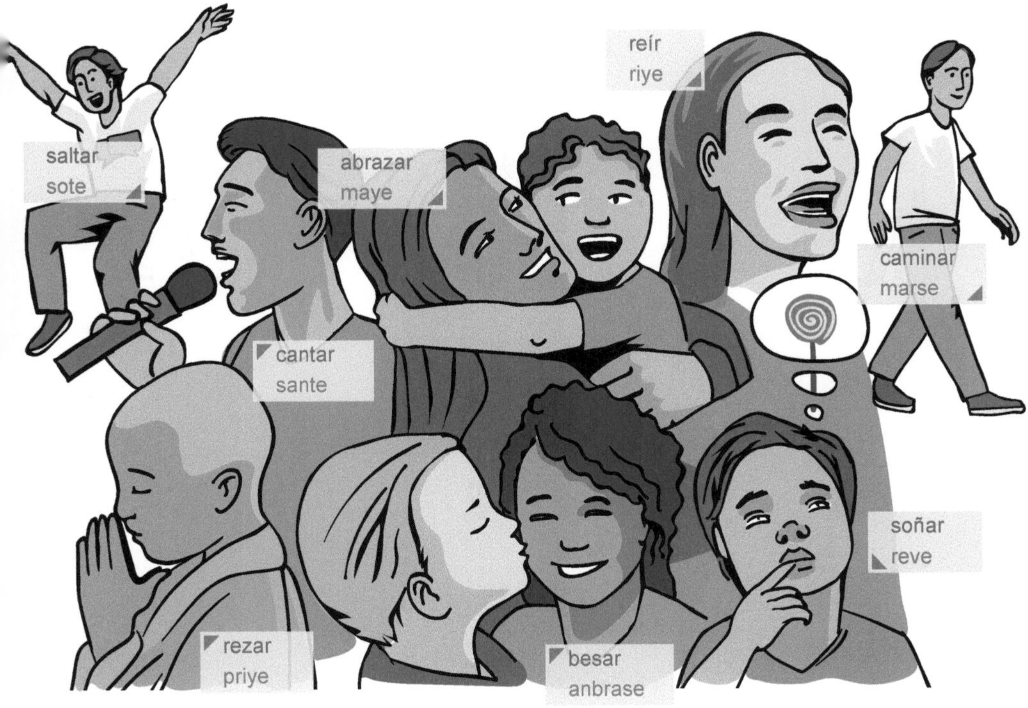

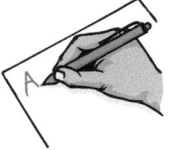

escribir

ekrir

dibujar

desine

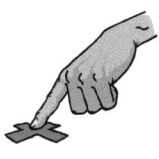

mostrar

montre

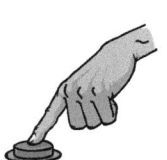

presionar

pouse

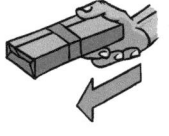

dar

done

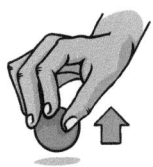

tomar

pran

tener

ena

hacer

fer

ser

ete

estar parado

diboute

correr

galoupe

tirar

rise

tirar

zete

caer

tonbe

estar acostado

alonze

esperar

atann

llevar

amene

estar sentado

asize

vestirse

abiye

dormir

dormi

despertar

leve

actividades - aktivite

mirar
gete

llorar
plore

acariciar
karese

peinar
pengne

hablar
koze

entender
konpran

preguntar
dimande

escuchar
ekoute

beber
bwar

comer
manze

ordenar
netwaye

amar
kontan

cocinar
kwi

manejar
kondir

volar
anvole

actividades - aktivite

navegar

fer lavwal

calcular

kalkile

leer

lir

aprender

aprann

trabajar

travay

casarse

marye

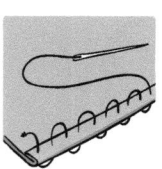

coser

koud

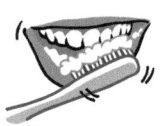

cepillarse los dientes

bros ledan

matar

touye

fumar

fime

enviar

avoye

abuela
granmer

abuelo
granper

padre
papa

madre
mama

bebé
ti-baba

hija
tifi

hijo
garson

invitado

ot

tía

matant

tío

tonton

hermano

frer

hermana

ser

cuerpo
lekor

frente
fron
ojo
lizie
hombro
zepol
dedo
ledwa
cara
figir
pera
manton
mano
lame
pierna
lazam
pecho
tete
brazo
lebra

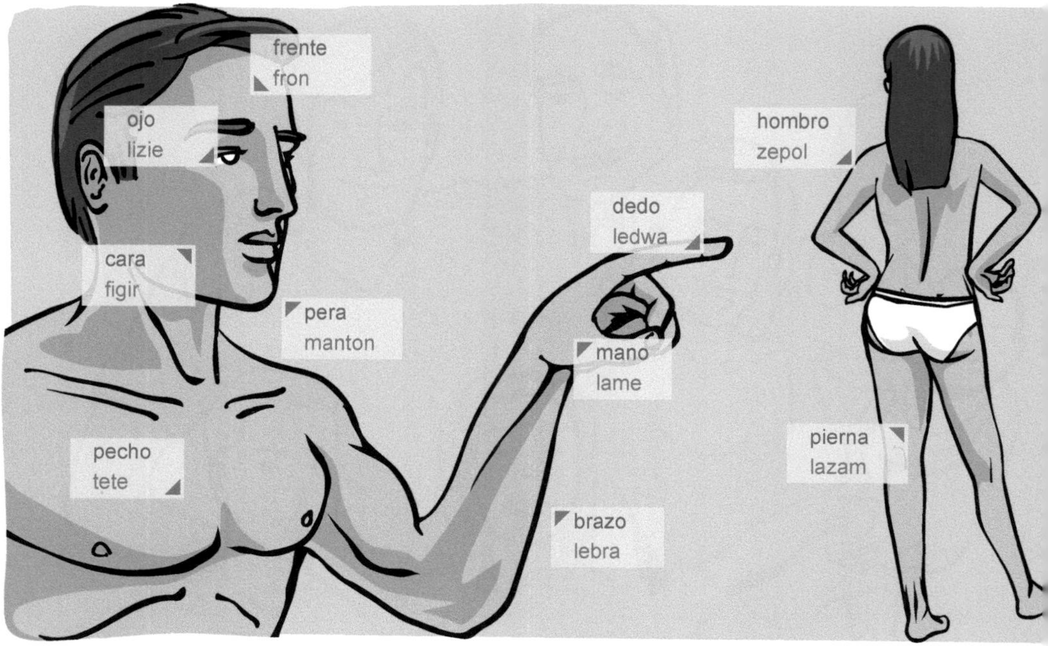

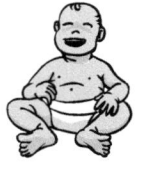

bebé
ti-baba

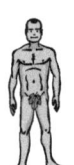

hombre
zom

mujer
fam

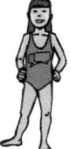

nena
tifi

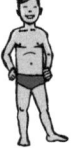

nene
ti-garson

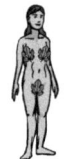

cabeza
latet

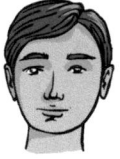

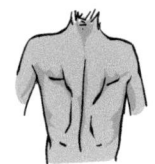

espalda

ledo

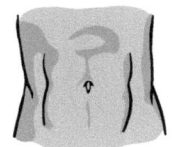

panza

vant

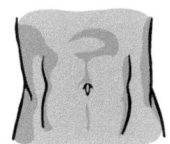

ombligo

lonbri

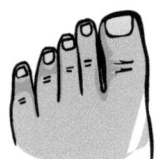

dedo del pie

zortey

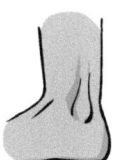

talón

talon

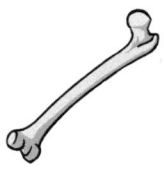

hueso

lezo

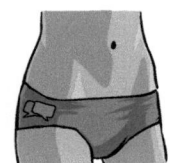

cadera

laans

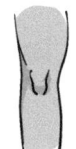

rodilla

zenou

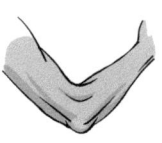

codo

koud

nariz

nene

cola

fes

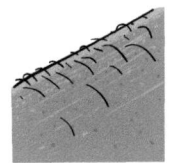

piel

lapo

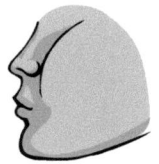

cachete

lazou

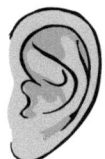

oreja

zorey

labio

lalev

boca

labous

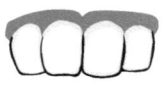

diente

ledan

lengua

lalang

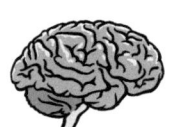

cerebro

servo

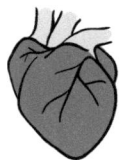

corazón

leker

músculo

mix

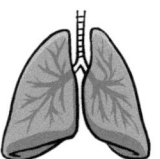

pulmón

poumon

hígado

lefwa

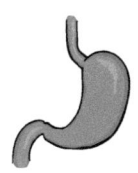

estómago

lestoma

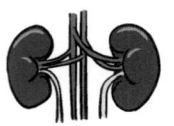

riñones

lerin

sexo

sex

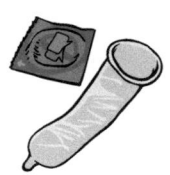

preservativo

kapot

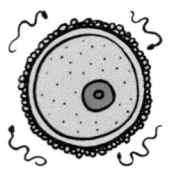

óvulo

ovil

semen

sperm

embarazo

groses

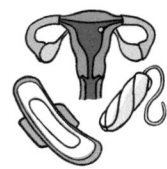

menstruación
·················
period

vagina
·················
vazin

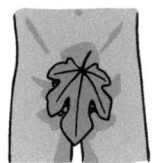

pene
·················
penis

ceja
·················
soursi

pelo
·················
seve

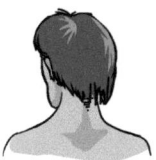

cuello
·················
likou

hospital
lopital

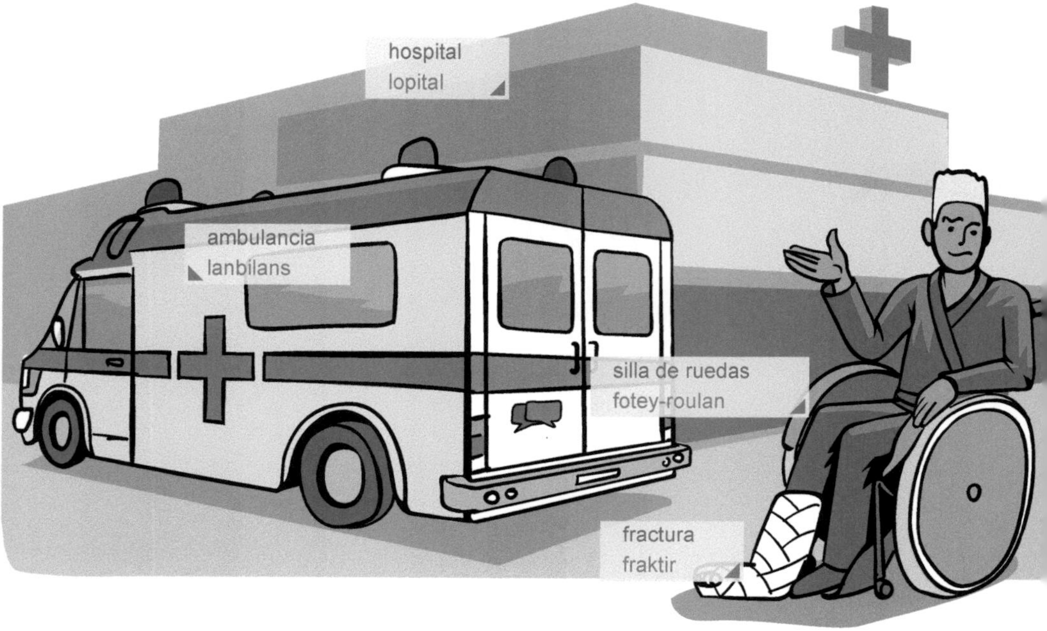

hospital
lopital
ambulancia
lanbilans
silla de ruedas
fotey-roulan
fractura
fraktir

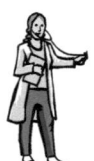

médico

dokter

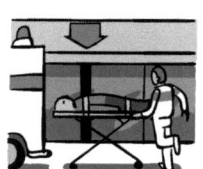

sala de guardia

servis irzans

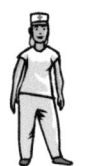

enfermera

ners

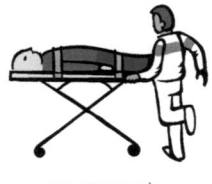

emergencia

irzans

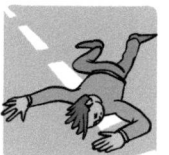

inconsciente

inkonsian

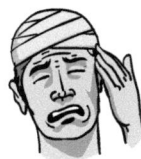

dolor

douler

lesión

blesir

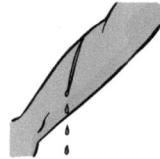

hemorragia

emorazi

infarto

kriz kardiak

ACV

atak serebral

alergia

alerzik

tos

touse

fiebre

lafiev

gripe

lagrip

diarrea

diare

dolor de cabeza

malad latet

cáncer

kanser

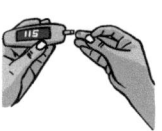

diabetes

diabet

cirujano

sirirzien

bisturí

skalpel

operación

operasion

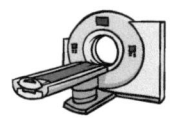

TC
....
CT

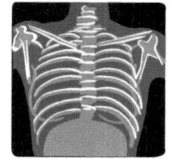

rayos x
....
x-ray

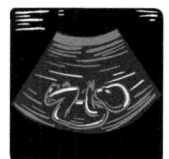

ecografía
....
iltrason

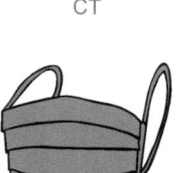

barbijo
....
mask

enfermedad
....
maladi

sala de espera
....
sal-datant

muleta
....
beki

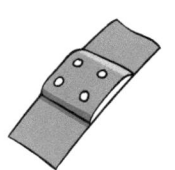

curita
....
pansman

venda
....
bandaz

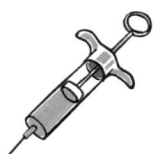

inyección
....
inzeksion

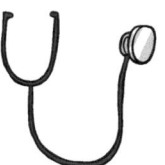

estetoscopio
....
stetoskop

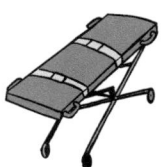

camilla
....
brankar

termómetro
....
termomet

nacimiento
....
nesans

sobrepeso
....
sirpwa

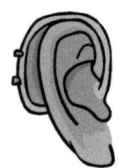

audífono

laparey oditif

desinfectante

dezinfektan

infección

infeksion

virus

viris

VIH / SIDA

HIV / SIDA

remedio

medsinn

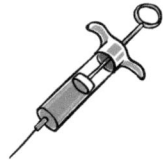

vacunación

vaksinasion

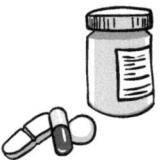

comprimidos

konprime

pastilla anticonceptiva

pilil kontraseptif

llamada de emergencia

korl irzans

tensiómetro

laparey tansion

enfermo / sano

malad / bien

¡Ayuda!

o-sekour

alarma

alarm

agresión

atak

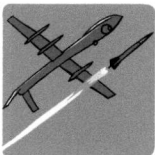

ataque

atak

peligro

danze

salida de emergencia

sorti de sekour

¡Fuego!

Dife!

matafuego

laponp dife

accidente

aksidan

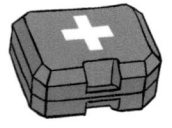

botiquín de primeros
auxilios

kit first aid

SOS

SOS

policía

lapolis

Europa

Ierop

América del Norte

Lamerik di nor

América del Sur

Lamerik di sid

África

Iafrik

Asia

Iazi

Australia

Iostrali

Atlántico

Iatlantik

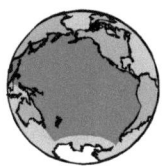

Pacífico

pasifik

Océano Índico

Iosean indien

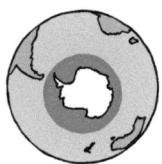

Océano Antártico

Iosean antartik

Océano Ártico

Iosean artik

polo norte

Pol Nor

polo sur

Pol Sid

Antártida

lantartik

Tierra

later

tierra

later

mar

lamer

isla

zil

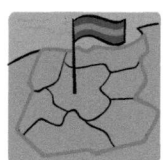

nación

nasion

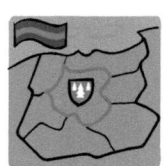

estado

leta

esfera

kadran

manecilla de las horas

zegwi ler

minutero

zegwi minit

segundero

zegwi segonn

¿Qué hora es?

ki ler la ?

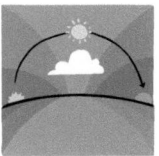

día

zour

hora

letan

ahora

aster-la

reloj digital

mont dizital

minuto

minit

hora

ler

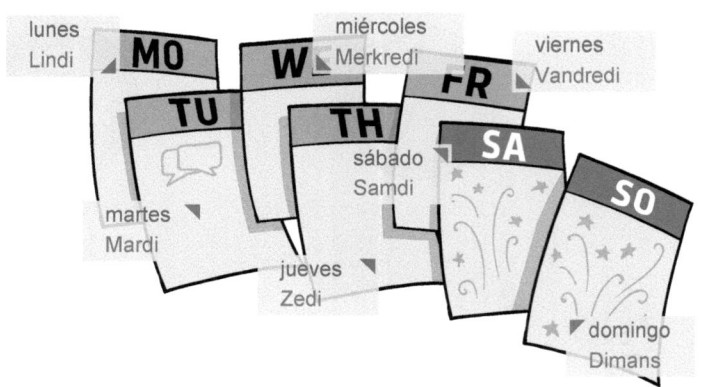

lunes
Lindi

miércoles
Merkredi

viernes
Vandredi

martes
Mardi

sábado
Samdi

jueves
Zedi

domingo
Dimans

ayer

yer

hoy

zordi

mañana

demin

mañana

gramatin

mediodía

midi

tarde

aswar

MO	TU	WE	TH	FR	SA	SU
1	2	3	4	5	6	7
8	9	10	11	12	13	14
15	16	17	18	19	20	21
22	23	24	25	26	27	28
29	30	31	1	2	3	4

días hábiles

zour travay

MO	TU	WE	TH	FR	SA	SU
1	2	3	4	5	6	7
8	9	10	11	12	13	14
15	16	17	18	19	20	21
22	23	24	25	26	27	28
29	30	31	1	2	3	4

fin de semana

wikenn

año
lane

lluvia
lapli
arco iris
larkansiel
nieve
lanez
viento
divan[
primavera
printan
otoño
otonn
verano
lete
invierno
liver

4.APRIL 11°
5.APRIL 4°
6.APRIL 13°
7.APRIL 8°
8.APRIL 10°

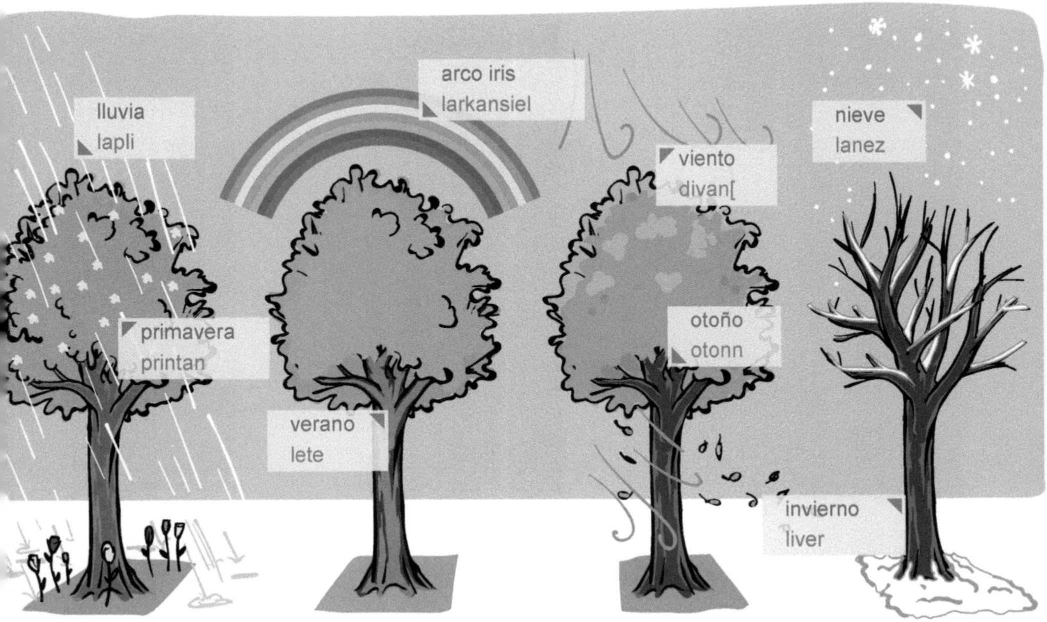

pronóstico meteorológico

meteo

F C
120 40
90 30
60 20
30 10
0 0
-30 -10
-20

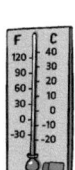

termómetro

termomet

luz del sol

lalimier soley

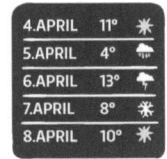

nube

niaz

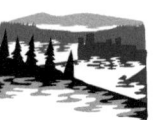

niebla

brouyar

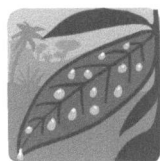

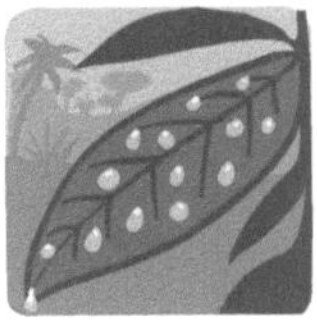

humedad

limidite

rayo

lafoud

trueno

toner

tormenta

tanpet

granizo

lagrel

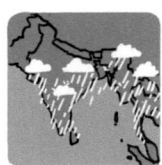

monzón

mouson

inundación

inondasion

hielo

laglas

enero

Zanvie

febrero

Fevriye

marzo

Mars

abril

Avril

mayo

Me

junio

Zien

julio

Zilie

agosto

Out

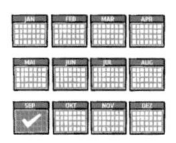

septiembre
....
Septam

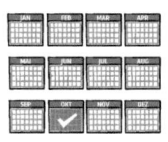

octubre
....
Oktob

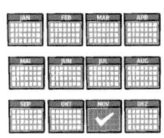

noviembre
....
Novam

diciembre
....
Desam

formas
form

círculo
....
ron

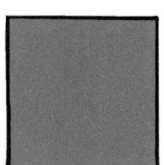

cuadrado
....
kare

rectángulo
....
rektang

triángulo
....
triang

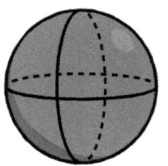

esfera
....
sfer

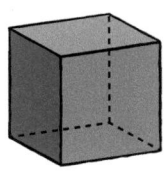

cubo
....
kib

colores
bann kouler

blanco

blan

amarillo

zonn

naranja

oranz

rosa

roz

rojo

rouz

violeta

mov

azul

ble

verde

ver

marrón

maron

gris

gri

negro

nwar

mucho / poco

boukou / enn tigit

enojado / tranquilo

ankoler / kalm

lindo / feo

zoli / vilin

principio / fin

koumansman / lafin

grande / chico

gro / tipti

claro / oscuro

kler / obskirite

hermano / hermana

frer / ser

limpio / sucio

prop / sal

completo / incompleto

konple / inkonple

día / noche

lizour / lanwit

muerto / vivo

vivan / mor

ancho / angosto

larz / sere

comestible / no comestible

komestib / inkomestib

malo / amable

move / bon

entusiasmado / aburrido

exsite / agase

gordo / flaco

gra / mins

primero / último

premie / dernie

amigo / enemigo

kamwad / lennmi

lleno / vacío

ranpli / vid

duro / blando

dir / mou

pesado / liviano

lour / leze

hambre / sed

fin / swaf

enfermo / sano

malad / bien

ilegal / legal

ilegal / legal

inteligente / estúpido

intelizan / kouyon

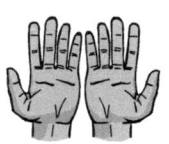

izquierda / derecha

gos / drwat

cerca / lejos

pre / lwin

nuevo / usado

nouvo / ize

nada / algo

nanye / kiksoz

viejo / joven

vie / zenn

encendido / apagado

demare / arete

abierto / cerrado

ouver / ferme

silencioso / ruidoso

trankil / for

rico / pobre

ris / pov

correcto / incorrecto

bon / move

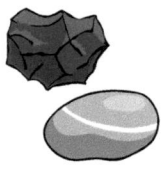

áspero / suave

brit / lis

triste / contento

tris / zwaye

corto / largo

kourt / long

lento / rápido

lan / rapid

mojado / seco

tranpe / sek

caliente / frío

so / fre

guerra / paz

lager / lape

0	**1**	**2**
cero	uno	dos
zero	enn	de

3	**4**	**5**
tres	cuatro	cinco
trwa	kat	sink

6	**7**	**8**
seis	siete	ocho
sis	set	wit

9	**10**	**11**
nueve	diez	once
nef	distribiter biye	onz

12
doce

douz

13
trece

trez

14
catorce

katorz

15
quince

kinz

16
dieciséis

sez

17
diecisiete

diset

18
dieciocho

dizwit

19
diecinueve

diznef

20
veinte

vin

100
cien

san

1.000
mil

mil

1.000.000
millón

milyon

inglés

Angle

inglés americano

Angle Lamerik

chino mandarín

Mandarin Sinwa

hindi

Hindi

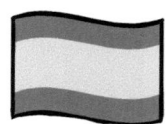

español

espagnol

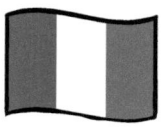

francés

Franse

árabe

Arab

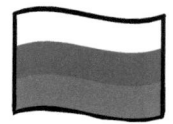

ruso

Ris

portugués

Portige

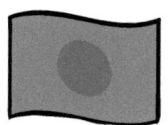

bengalí

Bengali

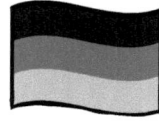

alemán

Alman

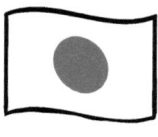

japonés

Zapone

yo

mo

vos

to

él / ella

li

nosotros

nou

ustedes

ou

ellos

zot

¿quién?

kisana?

¿qué?

kiete?

¿cómo?

kouma?

¿dónde?

kotsa?

¿cuándo?

kan?

nombre

nom

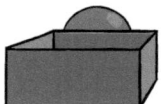

detrás

deryer

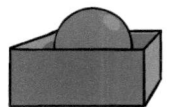

en

dan

adelante de

devan

por encima de

lor

sobre

lor

debajo de

anba

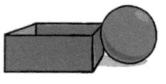

al lado de

akote

entre

ant

lugar

plas